Guía de lectura

Escrita por Laurence Tricoche-Rauline
Traducida por Clara Raposo Romero

El Cid

de Pierre Corneille

Entiende fácilmente la literatura con

ResumenExpress.com

www.resumenexpress.com

PIERRE CORNEILLE

DRAMATURGO FRANCÉS

- **Nacido en 1606 en Ruan (Francia)**
- **Fallecido en 1684 en París (Francia)**
- **Algunas de sus obras:**
  - *La ilusión cómica* (1636), comedia
  - *El Cid* (1637), tragicomedia
  - *Cinna* (1642), tragedia

Pierre Corneille nació en 1606 y murió en 1684. Es, junto con Molière y Racine, uno de los tres autores más importantes del teatro francés del siglo XVII. Su obra es abundante y variada, ya que Corneille dominaba tanto la comedia como la tragedia. Corneille fue un autor barroco (*La ilusión cómica*, 1636), pero también aporta obras al clasicismo francés (*Horario*, 1640; *Cinna*, 1642; *Polyeucto*, 1643). Su pieza más conocida es *El Cid* (1637), una obra que en su momento generó una gran controversia (la famosa querella del *Cid*) debido a las libertades que se toma el autor en cuanto a las estrictas reglas de la tragedia clásica.

EL CID

EL CID, ENTRE EL ÉXITO Y LA POLÉMICA

- **Género:** tragicomedia
- **Edición de referencia**: Corneille, Pierre. 1986. *El Cid*. Traducido por Carlos R. de Dampierre. Madrid: Cátedra
- **Primera edición:** 1637
- **Temática:** amor, honor, matrimonio, duelo, muerte, venganza

El Cid, que se representó por primera vez en 1637, es una tragicomedia inspirada en un personaje español. Pone en escena a Rodrigo, un joven que está enamorado de Jimena y al mismo tiempo se ve obligado a elegir entre su amor y defender el honor de su padre. Los personajes son heroicos y sus sentimientos nobles. Sin embargo, presenta un final feliz, algo extraño en el género de la tragedia.

La pieza obtiene un inmenso éxito, pero despierta la polémica. A Corneille se le reprocha no ser estrictamente respetuoso con las reglas de la tragedia clásica y haber presentado una intriga poco verosímil y excesivamente compleja. La promesa final de matrimonio, que hace Jimena a Rodrigo, y el asesino de su padre se consideran inmorales.

RESUMEN

ACTO I

En la presentación, Jimena se regocija al saber que su padre aprueba el amor que siente por Rodrigo. La infanta también da su consentimiento al matrimonio entre los dos jóvenes: enamorada de Rodrigo, espera que su matrimonio pueda callar esos sentimientos que la desvían de su deber.

No obstante, una discusión opone a don Gómez, padre de Jimena, y a don Diego, padre de Rodrigo, al que el rey acaba de elevar al rango de preceptor del príncipe de Castilla. Don Gómez abofetea por celos a don Diego que no consigue defenderse. Don Diego pide entonces a su hijo que lo vengue de la ofensa que le ha sido infringida. Rodrigo, roto entre el amor por Jimena y su honor, elige enfrentarse a don Gómez.

ACTO II

Don Gómez ha ofendido a don Diego, lo que acarrea la ira del rey. No obstante, se niega a tomar parte y desprecia las posibles consecuencias de su insumisión. Se encuentra con Rodrigo, que lo reta a un duelo. El enfrentamiento entre los dos hombres no se representa en la obra. Sólo al final del acto descubrimos el desenlace: Rodrigo ha matado al conde.

Jimena habría querido evitar un enfrentamiento sangriento entre su padre y el hombre al que ama, pero no por ello piensa que Rodrigo no deba responder ante el deshonor infligido a su familia. La infanta, por su parte, espera poder sacar provecho del conflicto: la victoria haría de Rodrigo un candidato digno para el matrimonio. El rey, por su parte, está preocupado por la presencia de navíos enemigos en la desembocadura del río.

Don Alonso acaba de anunciar la muerte de don Gómez. Jimena se presenta conmocionada ante el rey. Reclama la muerte para el asesino de su padre.

ACTO III

Rodrigo reaparece en escena en la casa de Jimena. La criada le pide que se esconda para evitar la venganza de la joven. Al enfrentarse a Rodrigo, don Sancho espera ganarse el amor de Jimena, de la que está, él también, enamorado. Jimena espera que el rey haga justicia. A pesar de su ira y su preocupación por el honor, no puede olvidar los sentimientos de amor que le inspira Rodrigo. Teme castigarlo, aunque lo desea al mismo tiempo. Rodrigo se presenta ante ella y le tiende su espada para obligarla a matarlo. Le ofrece de esta manera la oportunidad de vengarse. Ella rechaza y le pide que se vaya.

Rodrigo, tras haber dejado a Jimena sola y desesperada, se encuentra con don Diego en una plaza. El padre le felicita por su hazaña excepcional ante al conde. Rodrigo no lamenta su acto, pero expresa su sufrimiento por haber tenido que sacrificar en nombre del honor su amor por Jimena. Su padre le sugiere que continúe su camino hacia el heroísmo yendo a luchar contra los moros que están preparados para atacar Sevilla.

ACTO IV

Rodrigo sigue su consejo y vence a los moros. Todo el mundo lo considera un héroe. La infanta intenta convencer a Jimena de que exija un castigo para Rodrigo, cuya muerte sería una gran pérdida para la patria.

Rodrigo hace partícipe al rey de sus hazañas guerreras. Pero Jimena llega para pedir justicia. El rey usa un extraño procedimiento para sonsacar a Jimena sus verdaderos sentimientos: le hace creer que Rodrigo ha muerto en combate. Al escuchar la noticia se desmaya, traicionándose a sí misma. Tras el descubrimiento de la verdad, Jimena exige de nuevo que Rodrigo perezca. Promete casarse con el vencedor del duelo entre Rodrigo y don Sancho, si Rodrigo no sale victorioso. Al mismo tiempo, pretende que don Sancho sea el que ejecute la justicia ya que el rey se niega a ello. Este acepta el sistema del duelo, pero exige que Jimena se case con el vencedor, sea quien sea, aunque se trate de Rodrigo.

ACTO V

Rodrigo le comunica a Jimena que no se defenderá en su duelo con don Sancho. Jimena le pide que luche para defender su honor y para evitar así tener que casarse con don Sancho, al que no quiere.

La infanta, por su parte, renuncia a su amor por Rodrigo: no quiere esperar más, ya que el desenlace del duelo será o la muerte del héroe o su matrimonio con Jimena. Esta, por su parte, espera con preocupación la conclusión del duelo: deberá casarse o con el asesino de su padre, o con el asesino de Rodrigo.

Viendo llegar a don Sancho con una espada empapada en sangre, Jimena cree que su amante ha muerto, por lo que se permite confesar al rey el amor que siente por Rodrigo. Pero todo se soluciona. Don Sancho le comunica que ha perdido el duelo y que Rodrigo lo ha perdonado. El rey pide a Jimena que actúe según su promesa casándose con el vencedor, aunque le concede un tiempo para guardar luto por su padre. El matrimonio se celebrará un año más tarde.

ESTUDIO DE LOS PERSONAJES

DON RODRIGO

Es el hijo de don Diego y el héroe de la obra. Es noble, joven y guapo y ha heredado las cualidades excepcionales de su padre. Está enamorado de Jimena que, a su vez, le corresponde.

Encarna un cierto ideal caballeresco: es valiente, no duda en encarar la muerte para defender el honor de su padre y enfrentarse a los moros. También le caracteriza la grandeza de su alma: perdona a don Sancho al final del duelo, aunque sea su rival. De este modo se muestra generoso, fiel a su padre, a su rey y a la mujer que ama, incluso cuando elige enfrentarse a don Gómez. Para ser digno de Jimena, debe reparar la afrenta que sufrió su padre. El mismo don Gómez reconoce el valor de su futuro adversario, al que ha acordado sin dudarlo la mano de su hija.

Rodrigo no se deja gobernar por los sentimientos de amor. Sabe tomar el control de sí mismo y de sus pasiones para hacer lo que es debido, incluso si ello implica renunciar a su amor por Jimena. Sus famosas estancias (poema constituido de una serie de estrofas destinadas a traducir el discurrir mental de un personaje) en la sexta escena del acto I ponen de relieve el sufrimiento al sentirse dividido en dos entre el amor y el honor. Este tipo de conflicto tiene el nombre de "dilema corneliano". El monólogo del héroe concluye con la decisión enérgica de recurrir a la venganza y salvar el honor de su familia.

Rodrigo suscita de este modo la admiración de los espectadores y de los mismos personajes, incluido el rey. Las peripecias que afronta le permiten acceder a una cierta madurez. Se vuelve el Cid (Corneille 1986, acto IV) tras la vía del honor y aceptar las responsabilidades en las que se encuentra debido a su padre y a las circunstancias, y tras proteger al rey y a su patria de los moros.

El heroísmo de Rodrigo puede considerarse como una especie de orgullo. No sólo no teme perder su vida, sino que corre hacia la muerte. Del mismo modo, desafía las leyes cuando acepta el duelo con don Gómez así como las conveniencias, y cuando se atreve a volver a la casa de Jimena asesinar a su padre.

JIMENA

Es la hija de don Gómez. Es una heroína compleja que comparte la preocupación por el honor y el deber de Rodrigo. Es esclava de un insoportable conflicto moral: está enamorada del asesino de su padre.

En la escena de exposición, expresa sus dudas y no consigue dejarse llevar por la felicidad del matrimonio acordado. Su trágico presentimiento se acaba confirmando. Da muestras, tras la muerte de su padre, de una excepcional perseverancia en su voluntad de hacer justicia. Para obtener la muerte de Rodrigo, invoca ante el rey la razón de Estado, que impone castigar a quien desprecia las leyes asesinando a un señor en un duelo. Inspira admiración debido a su fuerza de voluntad. Incluso cuando el rey le impone casarse con Rodrigo tras el plazo de un año de luto por su padre y la rehabilitación del héroe por medio de hazañas guerreras, ella no lo consiente explícitamente. Seguirá anteponiendo su honor hasta el final y cuando acepta casarse con Rodrigo, lo hace como gesto de obediencia al rey.

Pero su pasión es su debilidad. Su desmayo cuando descubre la muerte de su amado traiciona sus sentimientos, que expresa a Rodrigo con esta famosa frase: «Yo no te puedo odiar» (Corneille 1986, acto III, escena 4).

LOS PADRES: DON DIEGO Y DON GÓMEZ

Don Diego

Es el padre de don Rodrigo. Es un grande del reino. «Es su padre un hidalgo muy noble y muy leal, mientras duró su brío nunca tuvo rival» (Corneille 1986, v. 37). Sus fuerzas lo traicionaron frente a don Gómez. Utiliza a su hijo como un instrumento de venganza; por esta razón, le concede su espada, pasándole simbólicamente el relevo y mostrándole la vía hacia el heroísmo.

Don Gómez

Es el padre de Jimena. Al comienzo de la pieza, aparece como un hombre honesto capaz de reconocer las cualidades de don Diego y de su hijo. Pero rápidamente se revela carente de prudencia y demasiado orgulloso. Envidia el nuevo estatus de don Diego, al que el rey ha hecho preceptor del príncipe de Castilla como reconocimiento de sus méritos. Por ello, no duda en abofetearlo sin tener en cuenta el respeto que le debe a un señor de su valía y de su edad. No es mucho más respetuoso con respecto al poder real y no teme sus consecuencias. En su opinión, «por grande que sea un rey, al cabo es sólo un hombre» (Corneille 1986, 159). Es vencido por Rodrigo y vivirá un trágico destino.

Pero no es únicamente una víctima de sus pasiones y de sus excesos. Es también un guerrero excepcional cuya valentía concede todo su valor a la hazaña de Rodrigo. De hecho, don Diego se vuelve el alter-ego del conde, con la única diferencia de que es mucho más joven. Le dirige este orgulloso cumplido: «Vuestra gloria es hoy día lo que mi gloria ha sido»(Corneille 1986, v. 219).

DON FERNANDO

Es el rey de Castilla. Su poder puede parecer débil. Se muestra irritado por el comportamiento del conde, pero la insumisión de don Gómez no tendrá castigo. El rey no ordena tampoco que detengan a Rodrigo tras el duelo. Sin embargo, retar en duelo a alguien es ilegal. Por esta razón, la petición de Jimena es legítima: el culpable debe ser castigado. No obstante, el rey acaba por autorizar él mismo un duelo de carácter excepcional entre Rodrigo y don Sancho. Jimena se vuelve la recompensa del enfrentamiento. La joven protesta ante esta decisión puesto que no desea casarse con don Sancho y teme tener que casarse con Rodrigo.

El rey está sin duda preocupado por la amenaza de los moros tanto como por los problemas internos. Por ello, no puede permitirse castigar a Rodrigo, que vivo es más valioso tanto para él como para el reino. Sabe mostrarse protector y benevolente. Está de acuerdo con el matrimonio entre Jimena y Rodrigo puesto que comprende los sentimientos de la joven por el héroe. Dicta su ley y ejerce la justicia con prudencia y moderación.

LOS ENAMORADOS DESILUSIONADOS

La infanta

El amor de la infanta hacia Rodrigo es imposible y se vuelve un sufrimiento para ella. Espera que el matrimonio entre Jimena y Rodrigo ponga fin a sus esperanzas y la libere de su duro tormento y, a la vez, teme este momento. Pero la muerte del conde le vuelve a dar esperanzas, aun cuando no puede casarse con Rodrigo, que no es hijo de rey mientras que ella sí lo es. Sin embargo, él no le corresponde. Ella debe elegir entre el amor y su deber como infanta, que la obliga a unirse a un hombre de su rango. Finalmente, acaba resignándose y renuncia a sus sentimientos dejando la vía libre a Jimena.

Don Sancho

Es el enamorado desilusionado de Jimena. Se propone como el que vengará al padre de Jimena y espera matar a su rival. Pero no tiene el valor de Rodrigo, que lo vence en duelo con facilidad. Acepta la deshonra de haber perdido, sintiéndose feliz de haberse librado de la muerte. Se resigna y acepta el amor entre Jimena y Rodrigo.

CLAVES DE LECTURA

LA QUERELLA DEL CID

Durante el clasicismo, que tiene lugar en el siglo XVII y en particular durante el reinado de Louis XIV, el teatro debe obedecer a una serie de reglas precisas que se fundan, entre otras cosas, en principios tomados prestados del filósofo griego Aristóteles (384-322 a. C.). El famoso verso de Boileau (escritor francés, 1636-1711) en su obra *Arte poético* resume estas ideas: «Un día solo y un lugar queremos, una acción bien tramada prescribiremos» (III, v. 67-68). La pieza de Corneille dio lugar a un auténtico debate, conocido como la «querella del Cid», puesto que los adversarios del dramaturgo consideraron la obra inadecuada en cuanto a las reglas de la dramaturgia clásica, y en particular a la famosa regla de las tres unidades evocada por Boileau en su verso y destinada a garantizar la verosimilitud de la representación. Se tratan de las unidades de acción, de tiempo y de lugar:

- la unidad de acción obliga al dramaturgo a desarrollar una única intriga durante la pieza. El tema principal de la obra de Corneille es el amor entre Jimena y Rodrigo y los obstáculos con los que tropiezan. Pero el amor imposible de la infanta hacia Rodrigo constituye una intriga secundaria, que no parece necesaria para el desarrollo de la intriga principal;
- la unidad de tiempo supone que la acción representada no dura más de una jornada. Corneille confirma haber respetado esta regla. Sin embargo, sigue siendo poco verosímil que el gran número de peripecias de la obra –

duelos, lucha con los moros, etc – pueda sucederse en 24 horas;

- la unidad de lugar precisa que la pieza debe desarrollarse en un solo lugar. En *El Cid*, se trata de Sevilla. Pero en realidad, la acción se nos presenta en tres espacios diferentes: la casa de Jimena, el palacio del rey y la plaza.

La querella del *Cid* también abarca el género de la pieza, que es una tragicomedia. Las reglas clásicas no se aplican a este género, ya que tiene la fama de ser menos noble que la tragedia; la tragicomedia garantiza una mayor libertad al dramaturgo. Corneille, intentando poner fin a la polémica, le otorga a su obra el estatus de "tragedia" en la edición de 1648.

La tragicomedia pone a prueba la exigencia de una unidad de tono, que supone una estricta distinción entre comedia y tragedia. Se caracteriza por una cierta mezcla de tonos: cómico, patético, etc. De este modo, el matrimonio entre Rodrigo y Jimena, aunque él difiera, es un desenlace afortunado que podría ser el de una comedia.

Este desenlace perturba igualmente el decoro, así como la representación en el escenario de la bofetada de don Gómez a don Diego. Las reglas clásicas prohíben en principio mostrar acciones violentas u ofensivas en la obra.

EL PODER REAL

El personaje de don Fernando nos hace pensar en parte en Louis XIII, del que Corneille alaba su manejo del poder, en el contexto de la guerra que se libraba desde 1635 entre

Francia y España.

En 1637, año de la representación del *Cid*, Francia vive un periodo de reafirmación del absolutismo real, cuyo apogeo vendrá con el reino de Louis XIV. El fin era someter a los grandes del reino a un poder centralizado en la figura del rey. Don Fernando, a imagen y semejanza de Luis XIII, encarna esta práctica absolutista del poder. Ningún señor está ya autorizado a ejercer su propia ley. Corneille, en la obra, pone de relieve la fidelidad de Rodrigo y Jimena al rey y desacredita la insumisión de don Gómez.

Louis XIII, aconsejado por Richelieu, decide prohibir los duelos, que provoca numerosas muertes en la nobleza francesa, y que se considera como una especie de desafío a la autoridad del rey. Sólo la justicia real es legítima. Corneille legitima esta política que pone fin a las costumbres feudales a través de los personajes de don Diego y don Gómez.

Hay que destacar también que Rodrigo, al salir victorioso de su lucha contra los moros, recuerda al espectador un episodio glorioso de la actualidad de la época: el éxito de Richelieu frente a las tropas españolas que amenazaban París tras haber invadido Francia por el norte.

EL HÉROE CORNELIANO

El héroe corneliano se debate entre el amor y el deber. Emerge entre el conflicto y el dilema, que se esfuerza en superar. Para tener acceso al heroísmo, debe superar sus pasiones por medio de la razón. *El Cid* nos muestra la construcción de un héroe que consigue controlar sus sentimientos para ejercer su deber: Rodrigo debe, antes que nada, mostrarse digno de su familia en el combate contra el conde, antes de mostrarse digno de su patria en la lucha contra los moros. Su amor por Jimena, que se funda en el reconocimiento de los méritos que comparten, le concede una motivación adicional para cometer sus hazañas. El héroe se caracteriza por su fuerza de voluntad y el control de sí mismo y de los otros. Su heroísmo le conduce a la gloria.

Las obras de Corneille – que recibió una educación jesuita (orden religiosa que concede una gran importancia a la voluntad del hombre) – nos presentan personajes que conservan una cierta libertad y que no permiten que sus pasiones los dominen. Exaltan la voluntad y la generosidad del héroe. Racine (1639-1699), otro gran dramaturgo del clasicismo, tiene una visión del hombre muy diferente: en sus tragedias, los personajes no son dueños de su destino y son víctimas de sus pasiones.

PISTAS PARA LA REFLEXIÓN

ALGUNAS PREGUNTAS PARA PROFUNDIZAR EN SU REFLEXIÓN

- Augusto, en *Cinna* (1642), declara con orgullo las siguientes palabras: «Soy dueño de mí mismo así como del Universo». ¿En qué medida define este verso al héroe *corneliano?*
- ¿En qué medida la pieza es una defensa del Estado contra el desorden causado por el individualismo de los grandes? ¿Por qué Rodrigo, siendo fiel al rey, toma la iniciativa de luchar contra los moros sin haber recibido la orden? ¿Podríamos considerar que Corneille legitima de este modo ciertos actos de desobediencia al rey?
- ¿En qué medida denuncia la pieza la autoridad de los padres? En su opinión, don Gómez y don Diego precipitan a sus hijos a la tragedia o, al contrario, les permiten el acceso al heroísmo?
- En su opinión, ¿por qué Corneille ha elegido una historia española para su obra? ¿Cuáles son las referencias a España que podemos destacar? ¿En qué medida un espectador del siglo XVII podía ver en la obra alusiones a su época?
- Georges de Scudéry (1601-1667), uno de los adversarios de Corneille en la querella del *Cid* afirma: «Jimena es escandalosa, e incluso depravada». ¿En qué se basa este argumento? ¿Le parece que sea legítimo?
- ¿Puede considerarse los personajes femeninos como obstáculos para la culminación del héroe? ¿Establece el autor un heroísmo femenino en su obra?

- ¿Qué lugar ocupa la narración en la pieza? En general, ¿qué problemas plantea la narración en el teatro, en especial para la puesta en escena?
- ¿Qué vínculo puede establecerse entre la trayectoria de Rodrigo y la de un héroe de epopeya?
- Estudie la dimensión poética de la obra. Analice la riqueza del alejandrino y las imágenes. Par ello, lea con detenimiento las estancias de Rodrigo (Corneille 1986, acto I, escena 6).
- El desenlace de la pieza se considera, en general, positivo. Pero, ¿podría proponerse otra interpretación?

PARA IR MÁS ALLÁ

EDICIÓN DE REFERENCIA

- Corneille, Pierre. 1986. *El Cid*. Traducido por Carlos R. de Dampierre. Madrid: Cátedra.

ESTUDIO DE REFERENCIA

- Doubrovsky, Serge. 1963. *Corneille et la Dialectique du héros*. París: Gallimard.

EN RESUMENEXPRESS.COM

- Guía de lectura de *Cinna* de Pierre Corneille.
- Guía de lectura de *Horacio* de Pierre Corneille.